Lustige Häkelfiguren

Elke Selke

Lustige Häkelfiguren

Fotografie und Gestaltung: Karsten Selke

Bibliografische Information der Deutschen Nationalbibliothek:
Die Deutsche Nationalbibliothek verzeichnet diese Publikation in der Deutschen
Nationalbibliografie; detaillierte bibliografische Daten sind im Internet
über http://dnb.d-nb.de abrufbar

Herstellung und Verlag: BoD - Books on Demand, Norderstedt

ISBN: 9783732254804

Liebe Leserinnen und Leser,

Häkeln macht viel Spaß – ganz besonders, wenn niedliche kleine Figuren dabei entstehen.

In diesem Büchlein finden Sie Ideen und Anleitungen für Häkelfiguren, die als Maskottchen oder Spielzeug, als Dekoration oder kleines Mitbringsel Verwendung finden. In Zeiten, in denen es alles zu kaufen gibt, sind selbst gemachte Geschenke eine willkommene Ausnahme.

Alle Modelle sind einfach und recht schnell nachzuarbeiten und lassen viel Spielraum für eigene Variationen.

Also, los geht's! Sie müssen sich nun nur noch entscheiden, mit welchem der kleinen Kerlchen Sie beginnen wollen...

Ich wünsche Ihnen viel Freude und Erfolg beim Häkeln!

Elke Selke

5

Inhalt

Und so geht's

Das Material

Für das Gelingen der Häkelarbeit ist die Auswahl des Materials entscheidend. Bitte bedenken Sie bei der Auswahl des Garnes, dass eine Handarbeit, die doch etwas Zeit in Anspruch nimmt, ihre Schönheit lange behalten soll. Daher ist es wichtig, Garn in guter Qualität zu wählen. Lassen Sie sich vom Händler beraten oder nutzen Sie die Telefonhotlines der Hersteller.

Häkelgarne gibt es nicht nur in verschiedenen Farben und Qualitäten, sondern auch in verschiedenen Stärken. Für die Häkelfiguren habe ich Filethäkelgarn aus 100 Prozent mercerisierter Baumwolle in Stärke 10 verwendet. Sie können auch stärkeres Baumwollgarn oder Wolle verwenden, die Figuren werden dann entsprechend größer. Die Figuren wurden mit waschbarer Füllwatte gefüllt.

Alles, was man braucht:
Häkelgarn Stärke 10,
Füllwatte, Sticktwist,
eine Häkelnadel und eine
Sticknadel ohne Spitze.

Wichtig ist auch die Wahl einer geeigneten Häkelnadel. Diese muss auf die Stärke des Garnes abgestimmt sein. Sie finden auf den Banderolen des Häkelgarns Angaben zur geeigneten Größe der Häkelnadel.Ob Sie eine Häkelnadel aus Metall, Bambus, Holz oder Kunststoff wählen, ist Ihrem Empfinden überlassen.

Das Häkeln

Es sind nur wenige Maschenarten, die bei den Modellen zum Einsatz kommen: Luftmaschen, feste Maschen und Kettmaschen, Stäbchen, halbe Stäbchen und Doppelstäbchen.

Abkürzungen:
LM - Luftmasche/n
fM - feste Masche/n
KM - Kettmasche/n
Stb - Stäbchen
hStb - halbe/s Stäbchen
Dstb - Doppelstäbchen
R - Reihe/n
Rd - Runde/n
VorRd - Vorrunde/n

Das Zusammensetzen der Figuren:

Alle Figuren bestehen aus einer großen und einer kleinen Kugel, dem Körper und dem Kopf. (Bild 1)
Das Gesicht wird aufgestickt. (Bild 2)
Nach dem Füllen werden die Teile zusammengenäht. (Bild 3)
Die Arme mit den Händen werden in einem Stück gearbeitet, um den Hals gelegt und mit wenigen Stichen befestigt. (Bild 4 und 5)
Die Schuhe werden angenäht. (Bild 6)

1

2

3

4

5

6

9

10

Morle, Minka und Felix – drei kleine Samtpfötchen

Wer Katzen mag, der muss so ein Häkelkätzchen haben! Es ist einfach nachzuarbeiten und ganz schnell fertig - ein echtes Anfängermodell!

Material:
25 g Filethäkelgarn Stärke 10 in Grundfarbe (weiß/ schwarz/ grau)
ein kleiner Rest Filethäkelgarn Stärke 10 in der Kontrastfarbe (schwarz/ weiß/ schwarz)
Sticktwist für Augen und Nase in grün und rosa
etwas Sternzwirn in grau
1 m Metallic-Häkelgarn in grün
10 g Füllwatte
Häkelnadel Nr. 1,25 – 1,5, Sticknadel ohne Spitze

Der Körper
1. Rd: Häkeln Sie 6 fM in der Grundfarbe in einen Fadenring.
2. Rd: Je 2 fM werden in jede Masche der Vorrunde gehäkelt. Markieren Sie den Beginn der Rd mit einem bunten Faden
3. bis 8. Rd: Nun wird in Rd weitergehäkelt, dabei an 6 gleichmäßig verteilten Stellen je 2 fM in eine Einstichstelle arbeiten.
In der 8. Rd haben Sie dann 48 fM gehäkelt.
Von der 9. bis zur 16. Rd ohne weitere Zunahmen häkeln. Ab der 17. Rd an 6 gleichmäßig verteilten Stellen je 2 Maschen zusammenhäkeln. Beginnen Sie an dieser Stelle mit dem Füllen des Körpers. In der 23. Rd bleiben 6 Maschen übrig, diese mit einem Faden zusammenziehen.

Der Kopf:
1. Rd: Häkeln Sie 6 fM in der Grundfarbe in einen Fadenring.
2. Rd: Je 2 fM werden in jede feste Masche der VorRd gehäkelt.
Markieren Sie den Beginn der Rd
3. bis 5. Rd: Nun wird in Rd weitergehäkelt, dabei an 6 gleichmäßig verteilten Stellen je 2 fM in eine Einstichstelle arbeiten. In der 5. Rd haben Sie dann 30 fM gehäkelt.
Von der 6. bis zur 12. Rd ohne weitere Zunahmen häkeln.
Ab der 13. Rd an 6 gleichmäßig verteilten Stellen je 2 Maschen zusammenhäkeln. Beginnen Sie an dieser Stelle mit dem Füllen des Kopfes. In der 16. Rd bleiben 6 Maschen übrig, diese mit einem Faden zusammenziehen.

Der Schwanz:
Häkeln Sie 4 fM in der Kontrastfarbe in einen Fadenring. In der nächsten Rd je 2 fM in jede Masche der Vorrunde arbeiten. Dann ohne weitere Zunahmen 3 Rd fM häkeln, dann mit der Grundfarbe weitere 22 Rd arbeiten. Der Schwanz wird nicht mit Füllwatte gefüllt.

Die Ohren:
Die Ohren werden in der Grundfarbe gleich an den Kopf gehäkelt. Dazu links und rechts im Abstand von 2 M von der Kopfmitte aus 5 fM zwischen die Rd des Kopfes häkeln – 1 x 2, 1 x 1, 1 x 2 fM. Es folgen eine Wende-LM und je eine fM in jede Masche der Vorreihe. Mit einer Wende-LM in die nächste R wechseln, hier die ersten beiden fM zusammenhäkeln, 1 fM, die letzten beiden festen Maschen zusammenhäkeln. Mit einer Wende-LM in die nächste wechseln und alle drei festen Maschen zusammenhäkeln. Den Faden vernähen.
Beim zweiten Ohr an der anderen Seite des Kopfes ebenso verfahren.

Fertigstellung:

Für das Gesicht werden zuerst die Augen aufgestickt. Danach werden 9 Fäden 4 cm langer Sternzwirn in der Mitte zusammengebunden und an dem Platz für die Nase befestigt. Dann wird die Nase aufgestickt und die Barthaare werden beschnitten. Der Schwanz wird an den unteren Teil des Körpers genäht. Nun werden Kopf und Körper zusammengenäht. Alle Fäden vernähen. Eine Kette aus 15 LM mit Metallic-Garn gearbeitet wird als Halsband befestigt und gibt der Katze den letzten Schliff.

Ein Muster aber zwei verschiedene Garnstärken ergeben den Größenunterschied: Die linke Katze (13 cm) wurde mit Wolle (LL 230 m/ 100 g) gehäkelt, die rechte (7,5 cm) nach dem gleichen Muster mit Häkelgarn Stärke 10.

Martha, das Mäuschen

Wie gut, dass die Katzen Martha noch nicht entdeckt haben ...

Material:
25 g Filethäkelgarn Stärke 10 in hellgrau
ein kleiner Rest Filethäkelgarn Stärke 10 in rosa
Sticktwist für Augen in schwarz
etwas Sternzwirn in weiß
10 g Füllwatte
Häkelnadel Nr. 1,25 – 1,5, Sticknadel ohne Spitze

Der Körper
1. Rd: Häkeln Sie 6 fM in hellgrau in einen Fadenring.
2. Rd: Je 2 fM werden in jede fM der Vorrunde gehäkelt.
3. bis 8. Rd: Nun wird in Rd weitergehäkelt, dabei an 6 gleichmäßig verteilten Stellen je 2 fM in eine Einstichstelle arbeiten. In der 8. Rd haben Sie dann 48 fM gehäkelt. Von der 9. bis zur 16. Rd ohne weitere Zunahmen häkeln. Ab der 17. Rd an 6 gleichmäßig verteilten Stellen je 2 Maschen zusammenhäkeln. Beginnen Sie an dieser Stelle mit dem Füllen des Körpers. In der 23. Rd bleiben 6 Maschen übrig, diese mit einem Faden zusammenziehen.

Die Füßchen:
Häkeln Sie 6 fM in hellgrau in einen Fadenring.
2. Rd: Je 2 fM werden in jede fM der Vorrunde gehäkelt.
3. bis 5. Rd: Nun wird in Rd ohne Zunahmen weitergehäkelt.
In der 6. und 7. Rd werden an 6 gleichmäßig verteilten Stellen je 2 fM zusammengehäkelt. Zwischendurch mit etwas Füllwatte stopfen. Die verbleibenden 6 Maschen mit einem Faden zusammenziehen. Das zweite Füßchen ebenso arbeiten.

Der Kopf:

Der Kopf wird am Hinterkopf begonnen.

1. Rd: Häkeln Sie 6 fM in der Grundfarbe in einen Fadenring.

2. Rd: Je 2 fM werden in jede fM der Vorrunde gehäkelt. Markieren Sie den Beginn der Rd

3. bis 5. Rd: Nun wird in Rd weitergehäkelt, dabei an 6 gleichmäßig verteilten Stellen je 2 fM in eine Einstichstelle arbeiten. In der 5. Rd haben Sie dann 30 fM gehäkelt.

Von der 6. Rd bis zur 12. Rd ohne weitere Zunahmen häkeln.

Ab der 13. Rd an 3 gleichmäßig verteilten Stellen je 2 Maschen zusammenhäkeln. So bildet sich die spitze Kopfform. Beginnen Sie nun auch mit dem Füllen des Kopfes. In der 21. Rd bleiben 3 Maschen übrig, diese mit einem Faden zusammenziehen.

Mit Häkelgarn in rosa nun in die 9 Maschenglieder der 19. Rd je eine fM häkeln. Eine weitere Rd fM arbeiten. In der folgenden Rd je 3 fM zusammenhäkeln. Zum Schluss die verbleibenden drei festen Maschen mit einem Faden zusammenziehen.

Die Ohren:

1. Rd: Häkeln Sie 6 fM in rosa in einen Fadenring.

2. Rd: Je 2 fM werden in jede fM der Vorrunde gehäkelt.

3. bis 6. Rd: Nun wird in Rd weitergehäkelt, dabei an 6 gleichmäßig verteilten Stellen je 2 fM in eine Einstichstelle arbeiten. Die 5. und 6. Rd in hellgrau arbeiten.

Die Arme:

27 LM und eine Wende-LM in hellgrau häkeln. Nun 4 R fM arbeiten, mit einer Wende-LM jeweils in die nächste wechseln.

Dann mit rosafarbenem Garn die Pfötchen arbeiten. Dazu am Anfang und am Ende des Armteils mit einer KM beginnend 6 Stb in die LM zwischen der 2. und 3. R häkeln. Mit einer KM beenden.

Der Schwanz:
Häkeln Sie mit doppeltem Häkelgarn in hellgrau eine Kette aus 30 LM – und fertig ist das Schwänzchen.

Fertigstellung:

Zuerst werden die Ohren am Kopf befestigt. Dann für die Schnurrhaare 5 Fäden 4 cm langer Sternzwirn in der Mitte zusammenknoten, durch die rosa Nase ziehen und befestigen. Die Augen mit schwarzem Stickgarn aufsticken.
Der Kopf wird an den Körper genäht. Das Armteil wird um den Hals gelegt und im Rücken sowie an den Händen befestigt.
Zum Schluss werden die Füße und das Schwänzchen angenäht und alle Fäden vernäht.

18

Schnuffi, das Schweinchen

Jeder braucht ein bisschen Glück. - Mit diesem niedlichen Glücksbringer klappt es bestimmt!

Material:
25 g Filethäkelgarn Stärke 10 in hellrosa.
ein kleiner Rest Filethäkelgarn Stärke 10 in altrosa
Sticktwist für Augen und Mund in schwarz und rot
3 m Metallic-Häkelgarn in grün
10 g Füllwatte
Häkelnadel Nr. 1,25 – 1,5, Sticknadel ohne Spitze

Der Körper
1. Rd: Häkeln Sie 6 fM in hellrosa in einen Fadenring.
2. Rd: Je 2 fM werden in jede fM der Vorrunde gehäkelt.
3. bis 8. Rd: Nun wird in Rd weitergehäkelt, dabei an 6 gleichmäßig verteilten Stellen je 2 fM in eine Einstichstelle arbeiten. In der 7. Rd haben Sie dann 48 fM gehäkelt.
Von der 9. bis zur 16. Rd ohne weitere Zunahmen häkeln.
Ab der 17. Rd an 6 gleichmäßig verteilten Stellen je 2 Maschen zusammenhäkeln. Beginnen Sie an dieser Stelle mit dem Füllen des Körpers. In der 23. Rd bleiben 6 Maschen übrig, diese mit einem Faden zusammenziehen.

Der Kopf:
1. Rd: Häkeln Sie 6 fM in hellrosa in einen Fadenring.
2. Rd: Jeweils 2 fM werden in jede fM der Vorrunde gehäkelt.
3. bis 5. Rd: Nun wird in Rd weitergehäkelt, dabei an 6 gleichmäßig verteilten Stellen je 2 fM in eine Einstichstelle arbeiten. In der 5. Rd haben Sie dann 30 fM gehäkelt.

Von der 6. bis zur 12. Rd ohne weitere Zunahmen häkeln.
Von der 13. Rd an 6 gleichmäßig verteilten Stellen je 2 Maschen zusammenhäkeln. Beginnen Sie mit dem Füllen des Kopfes. In der 16. Rd bleiben 6 Maschen übrig, diese mit einem Faden zusammenziehen.

Die Schnauze:

Für die Schnauze 9 fM in einen Fadenring arbeiten. Eine weitere Rd fM häkeln, die Arbeit abschließen und die Schnauze vor der dritten Rd des Kopfes befestigen. Beim Schweinchen wird der Kopf quer auf den Körper genäht.

Die Ohren:

Die Ohren werden in hellrosa gleich an den Kopf gehäkelt. Dazu links und rechts des Kopfes, hinter der 10. Rd des Kopfes 5 x 2 fM in die Maschenglieder arbeiten. In der 2. - 4. jeweils mit einer Wende-LM beginnen und fM häkeln. In der 5. und 6. je zwei fM zusammenhäkeln, es bleiben 5 Maschen übrig, diese zum Abschluss zusammenziehen.
Das zweite Ohr ebenso arbeiten.

Die Arme:

27 LM und eine Wende-LM in hellrosa häkeln. Nun 4 R fM arbeiten, mit einer Wende-LM jeweils in die nächste wechseln. Dann mit altrosafarbenem Garn die Pfötchen arbeiten. Dazu am Anfang und am Ende des Armteils mit einer KM beginnend 6 Stb in die LM zwischen der 2. und 3. R häkeln. Mit einer KM beenden.

Die Füßchen:

Häkeln Sie 6 fM in altrosa in einen Fadenring.
2. Rd: Je 2 fM werden in jede fM der VorRd gehäkelt.
3. bis 5. Rd: Nun wird in Rd ohne Zunahmen weitergehäkelt.

In der 6. und 7. Rd werden an 6 gleichmäßig verteilten Stellen je 2 fM zusammengehäkelt. Zwischendurch mit etwas Füllwatte stopfen. Die verbleibenden 6 Maschen mit einem Faden zusammenziehen. Das zweite Füßchen ebenso arbeiten.

Der Ringelschwanz:
Häkeln Sie mit Garn in altrosa eine LM-Kette aus 8 LM an die untere Rückseite des Körpers. 1 Wende-LM und je eine fM in jede LM arbeiten.

Das Kleeblatt:
Ein Kleeblatt darf bei einem Glücksschweinchen nicht fehlen. Dazu mit Metallic-Häkelgarn 6 LM häkeln. Die erste LM ist die Wende-LM. 4 fM in die 2.-4. LM häkeln und eine KM in die 5. LM, die die Mitte des Kleeblattes bildet. Von dort aus 5 LM häkeln, 4 fM in die 2.-4. LM häkeln und eine KM in die Mittelmasche. Noch zweimal ebenso verfahren, dann ist das Kleeblatt vierblättrig. Den Faden 10 cm hängen lassen, nicht zu kurz abschneiden.

Fertigstellung:

Der Kopf wird quer zur Häkelrichtung an den Körper genäht. Das Kleeblatt wird in der Mitte des Bauches befestigt, mit dem verbliebenen Faden mit drei Stielstichen den Stiel des Blattes aufsticken. Dann das Armteil um den Hals legen, so dass die Pfötchen das Kleeblatt fassen und im Rücken sowie an den Händen befestigen. Augen und Mund aufsticken.

22

Erwin, das Entchen

Mit einem knuddeligen Entchen als Anhänger am Rucksack oder am Schlüsselbund machen Sie Ihrem Kind sicher eine große Freude.

Material:
25 g Filethäkelgarn Stärke 10 in sonnengelb
ein kleiner Rest Filethäkelgarn Stärke 10 in rot
Sticktwist für die Augen in blau
10 g Füllwatte
Häkelnadel Nr. 1,25 – 1,5, Sticknadel ohne Spitze

Der Körper
1. Rd: Häkeln Sie 6 fM in gelb in einen Fadenring. 2. Rd: Je 2 fM werden in jede fM der Vorrunde gehäkelt.
3. bis 8. Rd: Nun wird in Rd weitergehäkelt, dabei an 6 gleichmäßig verteilten Stellen Zunahmen gearbeitet werden: 5 x 2 fM und 1 x 3 fM in eine Einstichstelle arbeiten. Von der 9. bis zur 12. Rd werden zur Bildung der Schwanzspitze nur noch an einer Stelle – dort wo in den Vorrunden schon 3 fM in eine Einstichstelle gearbeitet wurden, weiterhin je 3 fM in die mittlere Masche häkeln. Ab der 17. Rd an der Schwanzspitze je 3, an 5 weiteren gleichmäßig verteilten Stellen je 2 Maschen zusammenhäkeln bis nur noch 6 Restmaschen übrig bleiben. Beginnen Sie zwischendurch mit dem Füllen des Körpers. Die restlichen Maschen mit einem Faden zusammenziehen.

Der Kopf:
1. Rd: 6 fM in gelb in einen Fadenring häkeln.
2. Rd: Je 2 fM werden in jede fM der Vorrunde gehäkelt.
3. bis 5. Rd: Nun wird in Rd weitergehäkelt, dabei an 6 gleichmäßig

verteilten Stellen je 2 fM in eine Einstichstelle arbeiten. In der 5. Rd haben Sie dann 30 fM gehäkelt.

Von der 6. bis zur 12. Rd ohne weitere Zunahmen häkeln.

Ab der 13. Rd an 6 gleichmäßig verteilten Stellen je 2 Maschen zusammenhäkeln. Beginnen Sie an dieser Stelle mit dem Füllen des Kopfes. In der 16. Rd bleiben 6 Maschen übrig, diese mit einem Faden zusammenziehen. Dann in die 6 Maschenglieder der ersten Runde je eine fM und 3 LM häkeln. Mit einer KM beenden.

Der Schnabel:
Für den Schnabel mit rotem Garn 9 fM und eine Wende-LM an die Kopf-Vorderseite häkeln. Zwei weitere R fM häkeln. In der 4. R je 3 fM zusammenhäkeln und einen Faden durch die restlichen Maschen ziehen.

Die Flügel:
6 fM in einen Fadenring häkeln. 4 weitere Rd häkeln, dabei an 6 gleichmäßig verteilten Stellen zunehmen (5 x 2 fM und 1 x 3 fM in eine Einstichstelle). Den zweiten Flügel ebenso arbeiten.

Die Füßchen:
6 fM in rot in einen Fadenring häkeln. 2. Rd: Je 2 fM werden in jede fM der VorRd gehäkelt.

In der 3. Rd abwechselnd je 1 x 1 fM und 1 x 2 fM in die Maschen der VorRd arbeiten. Das zweite Füßchen ebenso häkeln.

Fertigstellung:

Der Kopf wird an den Körper genäht und die Augen aufgestickt. Die Flügel und die Füßchen werden befestigt.

Pieps, das Vögelchen

Pieps, das Vögelchen

Das Vögelchen wird fast genau wie das Entchen gearbeitet, es gibt nur kleine Unterschiede. Wählen Sie die Farben für das Vögelchen einfach nach Ihren Vorstellungen oder nutzen Sie Ihre Garnreste,

Material:
je 10 g Filethäkelgarn Stärke 10 in mittelblau, hellblau und weiß
ein kleiner Rest Filethäkelgarn Stärke 10 in orange
Sticktwist für Augen in blau
10 g Füllwatte
Häkelnadel Nr. 1,25 – 1,5, Sticknadel ohne Spitze

Der Körper
1. Rd: Häkeln Sie 6 fM in mittelblau in einen Fadenring.
2. Rd: Je 2 fM werden in jede fM der Vorrunde gehäkelt. Markieren Sie den Beginn der Rd mit einem bunten Faden
3. bis 8. Rd: Nun wird in Rd weitergehäkelt, dabei an 6 gleichmäßig verteilten Stellen Zunahmen gearbeitet werden: 5 x 2 fM und 1 x 3 fM in eine Einstichstelle arbeiten.
Von der 9. bis zur 12. Rd werden zur Bildung der Schwanzspitze nur noch an einer Stelle – dort wo in den Vorrunden schon 3 fM in eine Einstichstelle gearbeitet wurden, weiterhin je 3 fM in die mittlere Masche häkeln.
Von der 17. Rd an der Schwanzspitze je 3, an 5 weiteren gleichmäßig verteilten Stellen je 2 Maschen zusammenhäkeln bis nur noch 6 Restmaschen übrig bleiben. Beginnen Sie zwischendurch mit dem Füllen des Körpers. Die restlichen Maschen mit einem Faden zusammenziehen.

Der Kopf:
1. Rd: 6 fM in hellblau in einen Fadenring häkeln.
2. Rd: Je 2 fM werden in jede fM der Vorrunde gehäkelt.
3. bis 5. Rd: Nun wird in Rd weitergehäkelt, dabei an 6 gleichmäßig verteilten Stellen je 2 fM in eine Einstichstelle arbeiten. In der 5. Rd haben Sie dann 30 fM gehäkelt.
Von der 6. bis zur 12. Rd ohne weitere Zunahmen häkeln.
Ab der 13. Rd an 6 gleichmäßig verteilten Stellen je 2 Maschen zusammenhäkeln. Beginnen Sie an dieser Stelle mit dem Füllen des Kopfes. In der 16. Rd bleiben 6 Maschen übrig, diese mit einem Faden zusammenziehen. Dann in die 6 Maschenglieder der ersten Runde je eine fM und 3 LM häkeln. Mit einer KM beenden.

Der Schnabel:
Für den Schnabel mit orangem Garn 1 fM, 1 hStb, 1 Stb, 1 hStb, 1 fM, 1 KM, 1 fM, 1 hStb, 1 Stb, 1 hStb, 1 fM, 1 KM in einen Fadenring häkeln und am Kopf befestigen.

Die Flügel:
Mit weißem Garn 6 fM in einen Fadenring häkeln. 4 weitere Rd häkeln, dabei an 6 gleichmäßig verteilten Stellen zunehmen (5 x 2 fM und 1 x 3 fM in eine Einstichstelle). Den zweiten Flügel ebenso arbeiten.

Der Schwanz:
In die Schwanzspitze mit weißem Garn 5 x abwechselnd 1 fM und 7 LM häkeln, mit einer KM beenden.

Fertigstellung:

Den Kopf an den Körper nähen, die Augen aufsticken und die Flügel befestigen.

28

Das Osterhäschen

Meister Langohr darf nicht fehlen — und zu Ostern bringt er ein buntes Osterei mit.

Material:
25 g Filethäkelgarn Stärke 10 in braun
etwas Filethäkelgarn Stärke 10 in beige
etwas Filethäkelgarn in hellgrün und rot
Sticktwist für Augen und Nase in blau und schwarz
10 g Füllwatte
Häkelnadel Nr. 1,25 — 1,5, Sticknadel ohne Spitze

Der Körper
1. Rd: Häkeln Sie 6 fM in braun in einen Fadenring.
2. Rd: Je 2 fM werden in jede fM der Vorrunde gehäkelt.
3. bis 8. Rd: Nun wird in Rd weitergehäkelt, dabei an 6 gleichmäßig verteilten Stellen je 2 fM in eine Einstichstelle arbeiten. In der 8. Rd haben Sie dann 48 fM gehäkelt. Von der 9. bis zur 16. Rd ohne weitere Zunahmen häkeln. Ab der 17. Rd an 6 gleichmäßig verteilten Stellen je 2 Maschen zusammenhäkeln. Beginnen Sie an dieser Stelle mit dem Füllen des Körpers. In der 23. Rd bleiben 6 Maschen übrig, diese mit einem Faden zusammenziehen.

Der Kopf:
1. Rd: Häkeln Sie 6 fM in braun in einen Fadenring.
2. Rd: Je 2 fM werden in jede fM der Vorrunde gehäkelt.
3. bis 5. Rd: Nun wird in Rd weitergehäkelt, dabei an 6 gleichmäßig verteilten Stellen je 2 fM in eine Einstichstelle arbeiten. In der 5. Rd haben Sie dann 30 fM gehäkelt. Von der 6. bis zur 12. Rd ohne weitere Zunahmen häkeln. Ab der 13. Rd an 6 gleichmäßig verteilten Stellen je 2 Maschen zusammenhäkeln. Beginnen Sie an

dieser Stelle mit dem Füllen des Kopfes. In der 16. Rd bleiben 6 Maschen übrig, diese mit einem Faden zusammenziehen.

Die Schnauze:

Für die Schnauze mit beigefarbenem Garn 6 fM in einen Fadenring arbeiten. Eine weitere Rd fM häkeln, die Arbeit abschließen und die Schnauze vor der dritten Rd des Kopfes befestigen. Beim Häschen wird der Kopf quer auf den Körper genäht.

Die Ohren:

Jedes Ohr besteht aus einem Innen- und einem Außenteil, diese werden später zusammengehäkelt. Innenteil: Arbeiten Sie mit beigefarbenem Garn eine LM-Kette aus 11 LM, die erste LM ist die Wende-LM. Arbeiten Sie 2 fM in die 2. LM, jeweils 1 fM in die 3.-9. LM und 3 fM in die 11. LM (Wendepunkt). Dann wird die Arbeit gewendet und in jede LM von unten eine fM gehäkelt, mit einer KM zur Runde schließen. Nun mit braunem Garn weiterarbeiten: 1 Wende-LM und 2 fM in die 1. fM der ersten Rd. In die folgenden Maschen der VorRd je eine fM häkeln, in die mittlere Masche des Wendepunktes der 1. Rd 3 fM arbeiten. Rd mit einer KM beenden. Das Innenteil wird zweimal gearbeitet.
Außenteil: Das Außenteil wird ebenso wie das Innenteil jedoch vollständig mit braunem Garn gearbeitet. Auch das Außenteil wird zweimal gearbeitet. Innen- und Außenteil aufeinander legen und mit fM zusammenhäkeln. In den Wendepunkten je 3 fM in die mittlere M der Vorrunde arbeiten.

Die Arme:

27 LM und eine Wende-LM in braun häkeln. Nun 4 R fM arbeiten, mit einer Wende-LM jeweils in die nächste wechseln. Dann mit beigefarbenem Garn die Pfötchen arbeiten. Dazu am Anfang und am Ende des Armteils mit einer KM beginnend 6 Stb in die LM zwischen der 2. und 3. R häkeln. Mit einer KM beenden.

Die Füßchen:
Häkeln Sie 6 fM in braun in einen Fadenring.
2. Rd: Je 2 fM werden in jede fM der VorRd gehäkelt.
3. bis 5. Rd: Nun wird in Rd ohne Zunahmen weitergehäkelt.
In der 6. und 7. Rd werden an 6 gleichmäßig verteilten Stellen je 2 fM zusammengehäkelt. Zwischendurch mit etwas Füllwatte stopfen. Die verbleibenden 6 Maschen mit einem Faden zusammenziehen. Das zweite Füßchen ebenso arbeiten.

Das Schwänzchen:
Häkeln Sie 6 fM in beige in einen Fadenring. 2. Rd: Je 2 fM werden in jede fM der VorRd gehäkelt. 3. bis 5. Rd: In Rd ohne weitere Zunahmen weiterarbeiten. In der 6. und 7. Rd werden an 6 gleichmäßig verteilten Stellen je 2 fM zusammengehäkelt. Zwischendurch mit wenig Füllwatte stopfen. Die verbleibenden 6 Maschen mit einem Faden zusammenziehen.

Das Osterei:
1 LM und eine Wende-LM in hellgrün häkeln. 2. R: 3 fM in die 1. LM arbeiten. Die nächsten R beginnen jeweils mit einer Wende-LM. 3. - 4. R: fM häkeln, in die 1. und in die letzte Masche jeweils 2 fM häkeln. 5. -6. R: mit rotem Garn ohne Zunahmen fM häkeln. 7. - 9. R: mit hellgrünem Garn fortfahren, jeweils die ersten und die letzten beiden M zusammenhäkeln. 10. R: Die letzen 3 M zusammenhäkeln. Mit einer Rd KM umhäkeln (hellgrün).

Halsband: 15 LM in rot häkeln, 1 Wende-LM und 1 R fM arbeiten.

Fertigstellung:
Der Kopf wird quer zur Häkelrichtung an den Körper genäht. Das Osterei wird in der Mitte des Bauches befestigt. Dann das Armteil um den Hals legen, an den Pfoten befestigen. Augen und Nase aufsticken. Zum Schluss Ohren, Füße und Schwanz annähen.

32

Charlie, der Clown

Mit dem kleinen Clown kommt die gute Laune!

Material:
5 g Filethäkelgarn Stärke 10 in apricot
5 g Filethäkelgarn Stärke 10 in orange
5 g Filethäkelgarn Stärke 10 in hellblau
5 g Filethäkelgarn Stärke 10 in schwarz
Sticktwist für Augen und Nase in blau und rot
10 g Füllwatte
Häkelnadel Nr. 1,25 – 1,5, Sticknadel ohne Spitze

Der Körper
1. Rd: Häkeln Sie 6 fM in orange in einen Fadenring.
2. Rd: Je 2 fM werden in jede fM der Vorrunde gehäkelt. Markieren Sie den Beginn der Rd mit einem bunten Faden
3. bis 8. Rd: Nun wird in Rd weitergehäkelt, dabei an 6 gleichmäßig verteilten Stellen je 2 fM in eine Einstichstelle arbeiten. In der 8. Rd haben Sie dann 48 fM gehäkelt
Von der 9. bis zur 16. Rd ohne weitere Zunahmen mit orangem und hellblauem Garn im reihenweisen Wechsel häkeln.
Ab der 17. Rd an 6 gleichmäßig verteilten Stellen je 2 Maschen zusammenhäkeln. Beginnen Sie an dieser Stelle mit dem Füllen des Körpers. In der 23. Rd bleiben 6 Maschen übrig, diese mit einem Faden zusammenziehen.

Der Kopf:
1. Rd: Häkeln Sie 6 fM in apricot in einen Fadenring.
2. Rd: Je 2 fM werden in jede fM der Vorrunde gehäkelt. Markieren Sie den Beginn der Rd.

3. bis 5. Rd: Nun wird in Rd weitergehäkelt, dabei an 6 gleichmäßig verteilten Stellen je 2 fM in eine Einstichstelle arbeiten. In der 5. Rd haben Sie dann 30 fM gehäkelt.

Von der 6. bis zur 12. Rd ohne weitere Zunahmen häkeln.

Ab der 13. Rd an 6 gleichmäßig verteilten Stellen je 2 Maschen zusammenhäkeln. Beginnen Sie an dieser Stelle mit dem Füllen des Kopfes. In der 16. Rd bleiben 6 Maschen übrig, diese mit einem Faden zusammenziehen.

Der Hut:

1. Rd: Häkeln Sie 6 fM in hellblau in einen Fadenring.

In den nächsten 9 Runden mit fM fortfahren, an 6 gleichmäßig verteilten Stellen in jeder 2. Rd je 2 fM in eine Masche der Vor-Rd arbeiten.

Die 10. Rd enthält 30 fM, Arbeit mit einer KM beenden.

Für die Bommel 12 etwa 4 cm lange Fädchen in orange in der Mitte mit einem weiteren Faden zusammenbinden und fest verknoten, an die Spitze des Hutes nähen.

Die Fliege:

1 LM und 3 Wende-LM häkeln.

In die 1. LM nacheinander 3 Stb, 3 LM, 1 KM, 3 LM, 3 Stb, 3 LM, 1 KM arbeiten.

Die Arme:

27 LM und eine Wende-LM in hellblau häkeln. Nun 4 R fM arbeiten, mit einer Wende-LM jeweils in die nächste wechseln. Dann mit apricotfarbenem Garn die Hände arbeiten. Dazu am Anfang und am Ende des Armteils mit einer KM beginnend 6 Stb in die LM zwischen der 2. und 3. R häkeln. Mit einer KM beenden.

Die Schuhe:
1. Rd: 12 Stb. in schwarz in einen Fadenring häkeln. Mit einer KM zur Rd schließen.
2. Rd: 1 Wende-LM, 2 fM, 2 hStb, 3 hStb in eine Einstichstelle, 2 hStb, 2 fM, R mit einer KM abschließen. Den 2. Schuh ebenso häkeln. Den Anfangsfaden für die Befestigung hängenlassen, den Endfaden vernähen.

Fertigstellung:

Für den Haarkranz werden mit schwarzem Garn in die Maschenglieder der fM zwischen 12. und 13. Rd des Kopfes 20 mal abwechselnd je eine fM und 2 LM gearbeitet. Mit einer KM beenden. Der Hut wird direkt über dem Haarkranz angenäht. Der Kopf wird in Häkelrichtung an den Körper genäht. Augen, Nase und Mund aufsticken. Die Fliege annähen. Dann das Armteil um den Hals legen und im Rücken sowie an den Händen befestigen. Schuhe an den Körper nähen. Alle Fäden vernähen.

Bruno und Berta Teddybär

Bruno und Berta werden fast identisch gearbeitet, es gibt nur ganz kleine Unterschiede.

Bruno:

Material:
10 g Filethäkelgarn Stärke 10 in braun
etwas Filethäkelgarn Stärke 10 in beige
etwas Filethäkelgarn in hellblau
Sticktwist für Augen und Nase in blau und schwarz
10 g Füllwatte
Häkelnadel Nr. 1,25 – 1,5, Sticknadel ohne Spitze

Der Körper
1. Rd: Häkeln Sie 6 fM in braun in einen Fadenring.
2. Rd: Je 2 fM werden in jede fM der Vorrunde gehäkelt.
3. bis 8. Rd: Nun wird in Rd weitergehäkelt, dabei an 6 gleichmäßig verteilten Stellen je 2 fM in eine Einstichstelle arbeiten. In der 8. Rd haben Sie dann 48 fM gehäkelt.
Von der 9. bis zur 16. Rd ohne weitere Zunahmen häkeln.
Ab der 17. Rd an 6 gleichmäßig verteilten Stellen je 2 Maschen zusammenhäkeln. Beginnen Sie an dieser Stelle mit dem Füllen des Körpers. In der 23. Rd bleiben 6 Maschen übrig, diese mit einem Faden zusammenziehen.

Der Kopf:
1. Rd: Häkeln Sie 6 fM in braun in einen Fadenring.
2. Rd: Je 2 fM werden in jede fM der Vorrunde gehäkelt. Markieren Sie den Beginn der Rd

3. bis 5. Rd: Nun wird in Rd weitergehäkelt, dabei an 6 gleichmäßig verteilten Stellen je 2 fM in eine Einstichstelle arbeiten. In der 5. Rd haben Sie dann 30 fM gehäkelt. Von der 6. bis zur 12. Rd ohne weitere Zunahmen häkeln. Von der 13. Rd an 6 gleichmäßig verteilten Stellen je 2 Maschen zusammenhäkeln. Beginnen Sie an dieser Stelle mit dem Füllen des Kopfes. In der 16. Rd bleiben 6 Maschen übrig, diese mit einem Faden zusammenziehen.

Die Schnauze:
Für die Schnauze 6 fM in beige in einen Fadenring arbeiten. In der nächsten Rd je 2 fM in jede Masche der Vor-Rd. Zwei weitere Rd fM häkeln, die Arbeit abschließen, mit etwas Füllwatte füllen und die Schnauze vor der vierten Rd des Kopfes befestigen. Beim Bär wird der Kopf quer auf den Körper genäht.

Die Ohren
Für die Ohren 6 fM in einen Fadenring häkeln. In der 2. Rd je 2 fM in jede Masche der Vor-Rd. In der 3. Rd über 8 Maschen der Vor-Rd mit fM weiterarbeiten, dabei in jeder 2. M der Vor-Rd je 2 fM häkeln. Das 2. Ohr identisch anfertigen.

Die Arme:
27 LM und eine Wende-LM in braun häkeln. Nun 4 R fM arbeiten, mit einer Wende-LM jeweils in die nächste wechseln.
Dann mit beigefarbenem Garn die Pfötchen arbeiten. Dazu am Anfang und am Ende des Armteils mit einer KM beginnend 6 Stb in die LM zwischen der 2. und 3. R häkeln. Mit einer KM beenden.

Die Füßchen:
Häkeln Sie 6 fM in braun in einen Fadenring.
2. Rd: Je 2 fM werden in jede fM der VorRd gehäkelt.
3. bis 4. Rd: ohne Zunahmen weiterhäkeln

In der 5. Rd werden an 6 gleichmäßig verteilten Stellen je 2 fM zusammengehäkelt. Mit etwas Füllwatte füllen und an den Körper nähen. Das zweite Füßchen ebenso arbeiten.

Mütze:
Häkeln Sie 6 fM in hellblau in einen Fadenring.
2. Rd: Je 2 fM werden in jede fM der VorRd gehäkelt.
3. bis 4. Rd: an je 6 gleichmäßig verteilten Stellen je 2 fM in eine Masche der Vor-Rd.
In der 5. und 6. Rd ohne Zunahmen weiterarbeiten und mit einer KM beenden.
Für den Schirm 6 fM an den Rand häkeln, mit einer Wende-LM wenden, eine weitere R fM arbeiten. In der nächsten R je 2 fM zusammenhäkeln, die drei übrig bleibenden M in der letzten R zusammenhäkeln.

Berta:

Material:
10 g Filethäkelgarn Stärke 10 in braun
etwas Filethäkelgarn Stärke 10 in beige
etwas Filethäkelgarn in rot
Sticktwist für Augen und Nase in blau und schwarz
10 g Füllwatte
Häkelnadel Nr. 1,25 – 1,5, Sticknadel ohne Spitze

Der Körper
1. Rd: Häkeln Sie 6 fM in braun in einen Fadenring.
2. Rd: Je 2 fM werden in jede fM der Vorrunde gehäkelt. Markieren Sie den Beginn der Rd mit einem bunten Faden
3. bis 7. Rd: Nun wird in Rd weitergehäkelt, dabei an 6 gleichmäßig verteilten Stellen je 2 fM in eine Einstichstelle arbeiten. In der 8. Rd haben Sie dann 42 fM gehäkelt

Von der 8. bis zur 15. Rd ohne weitere Zunahmen häkeln.
Ab der 16. Rd an 6 gleichmäßig verteilten Stellen je 2 Maschen zusammenhäkeln. Beginnen Sie an dieser Stelle mit dem Füllen des Körpers. In der 22. Rd bleiben 6 Maschen übrig, diese mit einem Faden zusammenziehen.

Der Kopf:
1. Rd: Häkeln Sie 6 fM in braun in einen Fadenring.
2. Rd: Je 2 fM werden in jede fM der Vorrunde gehäkelt. Markieren Sie den Beginn der Rd
3. bis 5. Rd: Nun wird in Rd weitergehäkelt, dabei an 6 gleichmäßig verteilten Stellen je 2 fM in eine Einstichstelle arbeiten. In der 5. Rd haben Sie dann 30 fM gehäkelt. Von der 6. bis zur 11. Rd ohne weitere Zunahmen häkeln. Ab der 12. Rd an 6 gleichmäßig verteilten Stellen je 2 Maschen zusammenhäkeln. Beginnen Sie an dieser Stelle mit dem Füllen des Kopfes. In der 15. Rd bleiben 6 Maschen übrig, diese mit einem Faden zusammenziehen.

Die Schnauze:
Für die Schnauze 6 fM in beige in einen Fadenring arbeiten. In der nächsten Rd je 2 fM in jede Masche der Vor-Rd. Zwei weitere Rd fM häkeln, die Arbeit abschließen, mit etwas Füllwatte füllen und die Schnauze vor der vierten Rd des Kopfes befestigen. Beim Bär wird der Kopf quer auf den Körper genäht.

Die Ohren
Für die Ohren 6 fM in einen Fadenring häkeln. In der 2. Rd je 2 fM in jede Masche der Vor-Rd arbeiten und beenden.

Blume:
Häkeln Sie 10 x 1 fM und 3 LM in einen Fadenring. Mit einer KM zur Rd schließen.

Die Arme:
27 LM und eine Wende-LM in braun häkeln. Nun 4 R fM arbeiten, mit einer Wende-LM jeweils in die nächste wechseln.
Dann mit beigefarbenem Garn die Pfötchen arbeiten. Dazu am Anfang und am Ende des Armteils mit einer KM beginnend 6 Stb in die LM zwischen der 2. und 3. R häkeln. Mit einer KM beenden.

Die Füßchen:
Häkeln Sie 6 fM in braun in einen Fadenring.
2. Rd: Je 2 fM in jede fM der VorRd häkeln
3. bis 4. Rd: ohne Zunahmen weiterhäkeln
In der 5. Rd werden an 6 gleichmäßig verteilten Stellen je 2 fM zusammengehäkelt. Mit etwas Füllwatte füllen und an den Körper nähen. Das zweite Füßchen ebenso arbeiten.

Fertigstellung (Bruno und Berta)

Bei beiden Teddys wird der Kopf quer zur Häkelrichtung an den Körper genäht. Das Armteil um den Hals legen und im Rücken sowie an den Pfoten befestigen.
Augen und Nase aufsticken. Ohren und Füße annähen. Zum Schluss bei Bruno die Mütze und bei Berta die Blume befestigen und alle Fäden vernähen.

42

Püppchen Pauline

Verschenken Sie ein niedliches Püppchen als Glücksbringer, Schutzengel oder einfach als kleines Andenken. Verwenden Sie Garn in rosa statt hellgrün und mit einer kleinen Krone wird aus Pauline eine Prinzessin.

Material:
10 g Filethäkelgarn Stärke 10 in hellgrün
5 g Filethäkelgarn Stärke 10 in weiß
5 g Filethäkelgarn Stärke 10 in apricot
5 g Filethäkelgarn Stärke 10 in braun
etwas Filethäkelgarn in rot
Sticktwist für Augen und Nase in blau und rot
10 g Füllwatte
Häkelnadel Nr. 1,25 – 1,5, Sticknadel ohne Spitze

Der Körper
1. Rd: Häkeln Sie 6 fM in weiß in einen Fadenring.
2. Rd: Je 2 fM werden in jede fM der Vorrunde gehäkelt. Markieren Sie den Beginn der Rd mit einem bunten Faden
3. bis 8. Rd: Nun wird in Rd weitergehäkelt, dabei an 6 gleichmäßig verteilten Stellen je 2 fM in eine Einstichstelle arbeiten.
In der 8. Rd haben Sie dann 48 fM gehäkelt. Mit hellgrünem Garn weiterarbeiten. Von der 9. bis zur 16. Rd ohne weitere Zunahmen häkeln.
Ab der 17. Rd an 6 gleichmäßig verteilten Stellen je 2 Maschen zusammenhäkeln. Beginnen Sie an dieser Stelle mit dem Füllen des Körpers. In der 23. Rd bleiben 6 Maschen übrig, diese mit einem Faden zusammenziehen.

Der Kopf:

1. Rd: Häkeln Sie 6 fM in apricot in einen Fadenring.
2. Rd: Je 2 fM werden in jede fM der Vorrunde gehäkelt. Markieren Sie den Beginn der Rd.
3. bis 5. Rd: Nun wird in Rd weitergehäkelt, dabei an 6 gleichmäßig verteilten Stellen je 2 fM in eine Einstichstelle arbeiten. In der 5. Rd haben Sie dann 30 fM gehäkelt.

Von der 6. bis zur 12. Rd ohne weitere Zunahmen häkeln, dabei ab der 11. Rd mit braunem Garn weiterarbeiten.

Ab der 13. Rd an 6 gleichmäßig verteilten Stellen je 2 Maschen zusammenhäkeln. Beginnen Sie an dieser Stelle mit dem Füllen des Kopfes. In der 16. Rd bleiben 6 Maschen übrig, diese mit einem Faden zusammenziehen.

Der Frisur:

Häkeln Sie in die 11. Rd des Kopfes für den Pony 18 x 1 fM und 1 LM dabei jeweils seitlich in das Maschenglied einstechen. Mit einer KM beenden.

Für die Zöpfe jeweils 15 Fäden in braun (Länge ca. 8 cm) in der Mitte mit einem weiteren Faden zusammenknoten und an den Kopf nähen. Zopfbänder aus jeweils 4 LM in rot häkeln und um den Zopf binden. Zöpfe auf jeweils 3 cm Länge zuschneiden.

Die Arme:

27 LM und eine Wende-LM in hellgrün häkeln. Nun 4 R fM arbeiten, mit einer Wende-LM jeweils in die nächste R wechseln.

Dann mit apricotfarbenem Garn die Hände arbeiten. Dazu am Anfang und am Ende des Armteils mit einer KM beginnend 6 Stb in die LM zwischen der 2. und 3. R häkeln. Mit einer KM beenden.

Die Kette:

Für die Kette mit rotem Garn 20 LM häkeln.

Die Schuhe:

1. Rd: 12 Stb. in rot in einen Fadenring häkeln. Mit einer KM zur Rd schließen.

2. Rd: 1 Wende-LM, 2 fM, 2 hStb, 3 hStb in eine Einstichstelle, 2 hStb, 2 fM, R mit einer KM abschließen. Den 2. Schuh ebenso häkeln. Den Anfangsfaden für die Befestigung hängenlassen, den Endfaden vernähen.

Fertigstellung:

Zuerst wird die Kleiderborte gearbeitet. Dazu in die erste hellgrüne Rd des Körpers eine Rd fM mit hellgrünem Garn. In der 2. Rd 1 fM, 1 hStb, 3 hStb in eine Einstichstelle, 1 hStb, 1 fM , 1 KM — 8 x wiederholen. Zum Abschluss mit einer Rd fM in rot umhäkeln. Der Kopf wird in Häkelrichtung an den Körper genäht. Die Kette wird am Hals befestigt. Augen, Nase und Mund aufsticken. Dann das Armteil um den Hals legen und im Rücken sowie an den Händen befestigen. Schuhe an den Körper nähen. Alle Fäden vernähen.

Mäxchen

Unser Mäxchen ist bestimmt ein guter Spielgefährte für Pauline! Auch Mäxchen kann mit verschiedenen Farben verändert werden, probieren Sie einfach Ihre Lieblingsfarben aus.

Material:
5 g Filethäkelgarn Stärke 10 in apricot
5 g Filethäkelgarn Stärke 10 in orange
5 g Filethäkelgarn Stärke 10 in dunkelblau
5 g Filethäkelgarn Stärke 10 in schwarz
Sticktwist für Augen und Nase in blau und rot
10 g Füllwatte
Häkelnadel Nr. 1,25 – 1,5, Sticknadel ohne Spitze

Der Körper:
1. Rd: Häkeln Sie 6 fM in dunkelblau in einen Fadenring.
2. Rd: Je 2 fM werden in jede fM der Vorrunde gehäkelt. Markieren Sie den Beginn der Rd mit einem bunten Faden
3. bis 8. Rd: Nun wird in Rd weitergehäkelt, dabei an 6 gleichmäßig verteilten Stellen je 2 fM in eine Einstichstelle arbeiten. In der 8. Rd haben Sie dann 48 fM gehäkelt
Von der 9. bis zur 12. Rd ohne weitere Zunahmen mit dunkelblauem Garn häkeln. Ab der 13. Rd mit orangefarbenem Garn weiterarbeiten.
Ab der 17. Rd an 6 gleichmäßig verteilten Stellen je 2 Maschen zusammenhäkeln. Beginnen Sie an dieser Stelle mit dem Füllen des Körpers. In der 23. Rd bleiben 6 Maschen übrig, diese mit einem Faden zusammenziehen.

Der Kopf:

1. Rd: Häkeln Sie 6 fM in apricot in einen Fadenring.

2. Rd: Je 2 fM werden in jede fM der Vorrunde gehäkelt. Markieren Sie den Beginn der Rd

3. bis 5. Rd: Nun wird in Rd weitergehäkelt, dabei an 6 gleichmäßig verteilten Stellen je 2 fM in eine Einstichstelle arbeiten. In der 5. Rd haben Sie dann 30 fM gehäkelt.

Von der 6. bis zur 12. Rd ohne weitere Zunahmen häkeln. Ab der 12. Rd mit dunkelblauem Garn arbeiten.

Ab der 13. Rd an 6 gleichmäßig verteilten Stellen je 2 Maschen zusammenhäkeln. Beginnen Sie an dieser Stelle mit dem Füllen des Kopfes. In der 16. Rd bleiben 6 Maschen übrig, diese mit einem Faden zusammenziehen.

Der Mützen-Schirm:

1. R. Häkeln Sie 11 fM in die untere dunkelblaue Runde (Mützenansatz)

2. Weitere 6 R arbeiten, dabei jeweils die ersten beiden fM zusammenhäkeln, mit einer KM beenden.

Die Arme:

27 LM und eine Wende-LM in orange häkeln. Nun 4 R fM arbeiten, mit einer Wende-LM jeweils in die nächste wechseln.

Dann mit apricotfarbenem Garn die Hände arbeiten. Dazu am Anfang und am Ende des Armteils mit einer KM beginnend 6 Stb in die LM zwischen der 2. und 3. R häkeln. Mit einer KM beenden.

Die Schuhe:

1. Rd: 12 Stb. in schwarz in einen Fadenring häkeln. Mit einer KM zur Rd schließen.

2. Rd: 1 Wende-LM, 2 fM, 2 hStb, 3 hStb in eine Einstichstelle, 2 hStb, 2 fM, R mit einer KM abschließen. Den 2. Schuh ebenso

häkeln. Den Anfangsfaden für die Befestigung hängenlassen, den Endfaden vernähen.

Fertigstellung:

Der Kopf wird in Häkelrichtung an den Körper genäht. Augen, Nase und Mund aufsticken. Dann das Armteil um den Hals legen und im Rücken sowie an den Händen befestigen. Schuhe an den Körper nähen. Alle Fäden vernähen.

50

Hier kommt der Koch

Mit dieser kleinen Figur machen Sie jedem Hobby- oder Profikoch eine Freude. Oder verschenken Sie den kleinen Koch zusammen mit einem Restaurantgutschein.

Material:
5 g Filethäkelgarn Stärke 10 in mittelblau
5 g Filethäkelgarn Stärke 10 in hellblau
10 g Filethäkelgarn Stärke 10 in weiß
5 g Filethäkelgarn Stärke 10 in apricot
etwas Filethäkelgarn in schwarz
Sticktwist für Augen und Nase in blau und rot
10 g Füllwatte
Häkelnadel Nr. 1,25 – 1,5, Sticknadel ohne Spitze

Der Körper
1. Rd: Häkeln Sie 6 fM in mittelblau in einen Fadenring.
2. Rd: Je 2 fM werden in jede fM der Vorrunde gehäkelt. Markieren Sie den Beginn der Rd mit einem bunten Faden
Nun beginnt ein rundenweiser Farbwechsel, hellblaues und mittelblaues Garn werden abwechselnd genutzt.
3. bis 8. Rd: Nun wird in Rd weitergehäkelt, dabei an 6 gleichmäßig verteilten Stellen je 2 fM in eine Einstichstelle arbeiten. In der 8. Rd haben Sie dann 48 fM gehäkelt.
Von der 9. bis zur 16. Rd ohne weitere Zunahmen häkeln, ab der 14. Rd mit weißem Garn weiterarbeiten.
Ab der 17. Rd an 6 gleichmäßig verteilten Stellen je 2 Maschen zusammenhäkeln. Beginnen Sie an dieser Stelle mit dem Füllen des Körpers. In der 23. Rd bleiben 6 Maschen übrig, diese mit einem Faden zusammenziehen.

Der Kopf:

1. Rd: Häkeln Sie 6 fM in apricot in einen Fadenring.
2. Rd: Je 2 fM werden in jede fM der Vorrunde gehäkelt.
3. bis 5. Rd: Nun wird in Rd weitergehäkelt, dabei an 6 gleichmäßig verteilten Stellen je 2 fM in eine Einstichstelle arbeiten. In der 5. Rd haben Sie dann 30 fM gehäkelt.
Von der 6. bis zur 12. Rd ohne weitere Zunahmen häkeln, dabei ab der 11. Rd mit schwarzem Garn weiterarbeiten.
Ab der 13. Rd an 6 gleichmäßig verteilten Stellen je 2 Maschen zusammenhäkeln. Beginnen Sie an dieser Stelle mit dem Füllen des Kopfes. In der 16. Rd bleiben 6 Maschen übrig, diese mit einem Faden zusammenziehen.

Die Frisur:
Häkeln Sie in die 12. Rd des Kopfes mit schwarzem Garn eine Rd 1 fM und 2 LM dabei jeweils seitlich in jedes Maschenglied einstechen. Mit einer KM zur Rd schließen und beenden.

Die Kochmütze:
In die 13. Rd des Kopfes eine Runde fM mit weißem Garn häkeln (24 M). 7 weitere Rd fM häkeln. In der folgenden 9. Rd in jede fM der Vor-Rd jeweils 2 fM häkeln. In der 10. Rd ebenso verfahren, so erhalten Sie nach Abschluss der 10. Rd 72 Maschen. In der 11. Rd ohne Zunahmen arbeiten. In der 12. und 13. Rd je 2 fM der Vor-Rd zusammenhäkeln. Die Kochmütze nun mit Füllwatte füllen. Dann an 6 gleichmäßig verteilten Stellen je 2 fM zusammenhäkeln, die letzten 6 fM mit einem Faden zusammenziehen.

Das Halstuch:
Das dreieckige Halstuch wird mit mittelblauem Garn gearbeitet. 3 fM in einen Fadenring häkeln, in R arbeiten, mit einer Wende-LM

jeweils in die nächste R wechseln. In den folgenden R in jede 1. und letzte Masche 2 fM häkeln. In der 7. R erhalten Sie 15 Maschen. Am Ende der 15. R 10 LM anhäkeln, mit einer Wende-LM wenden und jeweils 1 fM in jede LM und in die fM der vorherigen R. Dann am anderen Ende ebenso 10 LM und einer Wende-LM anschlagen, wenden und je 1 fM in jede LM arbeiten.

Die Arme:
27 LM und eine Wende-LM in hellgrün häkeln. Nun 4 R fM arbeiten, mit einer Wende-LM jeweils in die nächste R wechseln.
Dann mit apricotfarbenem Garn die Hände arbeiten. Dazu am Anfang und am Ende des Armteils mit einer KM beginnend 6 Stb in die LM zwischen der 2. und 3. R häkeln. Mit einer KM beenden.

Die Schuhe:
1. Rd: 12 Stb. in schwarz in einen Fadenring häkeln. Mit einer KM zur Rd schließen.
2. Rd: 1 Wende-LM, 2 fM, 2 hStb, 3 hStb in eine Einstichstelle, 2 hStb, 2 fM, R mit einer KM abschließen. Den 2. Schuh ebenso häkeln. Den Anfangsfaden für die Befestigung hängenlassen, den Endfaden vernähen.

Fertigstellung:

Der Kopf wird in Häkelrichtung an den Körper genäht. Das Armteil um den Hals legen und im Rücken sowie an den Händen befestigen. Das Halstuch um den Hals binden und verknoten. Augen, Nase und Mund aufsticken. Schuhe an den Körper nähen und alle Fäden vernähen.

Das Brautpaar

Nun wird geheiratet! Mit diesen kleinen Figuren zaubern Sie ein schönes Hochzeitsgeschenk.

Braut:

Material:
10 g Filethäkelgarn Stärke 10 in weiß
5 g Filethäkelgarn Stärke 10 in apricot
5 g Filethäkelgarn Stärke 10 in braun
Sticktwist für Augen und Nase in blau und rot
Sticktwist für die Blütenstile in hellgrün
15 Rocailles in rot (2,5 mm)
10 g Füllwatte
Häkelnadel Nr. 1,25 – 1,5, Sticknadel ohne Spitze

Der Körper
1. Rd: Häkeln Sie 6 fM in weiß in einen Fadenring.
2. Rd: Je 2 fM werden in jede fM der Vorrunde gehäkelt. Markieren Sie den Beginn der Rd mit einem bunten Faden
3. bis 8. Rd: Nun wird in Rd weitergehäkelt, dabei an 6 gleichmäßig verteilten Stellen je 2 fM in eine Einstichstelle arbeiten. In der 8. Rd haben Sie dann 48 fM gehäkelt. Von der 9. bis zur 16. Rd ohne weitere Zunahmen häkeln. Ab der 17. Rd an 6 gleichmäßig verteilten Stellen je 2 Maschen zusammenhäkeln. Beginnen Sie an dieser Stelle mit dem Füllen des Körpers. In der 23. Rd bleiben 6 Maschen übrig, diese mit einem Faden zusammenziehen.

Der Kopf:
1. Rd: Häkeln Sie 6 fM in apricot in einen Fadenring.
2. Rd: Je 2 fM werden in jede fM der Vorrunde gehäkelt.

3. bis 5. Rd: Nun wird in Rd weitergehäkelt, dabei an 6 gleichmäßig verteilten Stellen je 2 fM in eine Einstichstelle arbeiten. In der 5. Rd haben Sie dann 30 fM gehäkelt.

Von der 6. bis zur 12. Rd ohne weitere Zunahmen häkeln, dabei ab der 11. Rd mit braunem Garn weiterarbeiten. Ab der 13. Rd an 6 gleichmäßig verteilten Stellen je 2 Maschen zusammenhäkeln. Beginnen Sie an dieser Stelle mit dem Füllen des Kopfes. In der 16. Rd bleiben 6 Maschen übrig, diese zusammenziehen.

Der Frisur:

Häkeln Sie in die 11. Rd des Kopfes für den Pony 18 x 1 fM und 1 LM dabei jeweils seitlich in das Maschenglied einstechen. Mit einer KM beenden.

Der Brautschleier:

5 LM zum Ring schließen. 3 Wende-LM und 8 x je eine LM und 1 Stb in den LM-Ring arbeiten. Mit 3 LM gelangen Sie in die nächste R. Nun 8 x jeweils 2 LM und 1 Stb in das Stb der Vor-R arbeiten. 4 weitere R ebenso häkeln. Für die Umrandung des Schleiers häkeln Sie ringsherum je 2 fM in die LM, eine fM mit Picot aus 2 LM in die Stäbchen. An den Seiten häkeln Sie 2 fM und eine fM mit Picot aus 2 LM in die Stäbchenglieder bzw. Wende-LM.

Die Arme:

27 LM und eine Wende-LM in weiß häkeln. Nun 4 R fM arbeiten, mit einer Wende-LM jeweils in die nächste R wechseln. Dann mit apricotfarbenem Garn die Hände arbeiten. Dazu am Anfang und am Ende des Armteils mit einer KM beginnend 6 Stb in die LM zwischen der 2. und 3. R häkeln. Mit einer KM beenden.

Die Schuhe:

1. Rd: 12 Stb. in weiß in einen Fadenring häkeln. Mit einer KM zur Rd schließen. 2. Rd: 1 Wende-LM, 2 fM, 2 hStb, 3 hStb in eine

Einstichstelle, 2 hStb, 2 fM, R mit einer KM abschließen. Den 2. Schuh ebenso häkeln.

Fertigstellung:

Zuerst werden die Rüschen am Kleid gearbeitet. Dazu zwischen die 9. und 10. Rd des Körpers eine Rd fM mit weißem Garn häkeln. In der 2. Rd 1 fM, 1 hStb, 3 hStb in eine Einstichstelle, 1 hStb, 1 fM , 1 KM − 8 x wiederholen. Ebenso werden die Rüschen zwischen 11. und 12. sowie 13. und 14. Rd gearbeitet.
Der Kopf wird in Häkelrichtung an den Körper genäht. Der Schleier wird mit dem Anfangsring in der Mitte des Oberkopfes angenäht. 5 Rocailles werden aufgefädelt und als Kranz vor dem Schleier befestigt. Das Armteil um den Hals legen und im Rücken sowie an den Händen befestigen. Die Hände werden mit geringem Abstand befestigt. Dazwischen werden mit Stilstichen 3 Blütenstile (1 cm) gestickt und mit 9 Rocailles, die kreisförmig angeordnet werden, ein Brautstrauß gestickt. Schuhe an den Körper nähen. Alle Fäden vernähen.

Bräutigam:

Material:
10 g Filethäkelgarn Stärke 10 in schwarz
5 g Filethäkelgarn Stärke 10 in weiß
5 g Filethäkelgarn Stärke 10 in apricot
5 g Filethäkelgarn in braun
etwas Filethäkelgarn in mittelblau
Sticktwist für Augen, Mund und Nase in blau und rot
10 g Füllwatte
Häkelnadel Nr. 1,25 − 1,5, Sticknadel ohne Spitze

Der Körper

1. Rd: Häkeln Sie 6 fM in schwarz in einen Fadenring. 2. Rd: Je 2 fM werden in jede fM der Vorrunde gehäkelt. 3. bis 8. Rd: Nun wird in Rd weitergehäkelt, dabei an 6 gleichmäßig verteilten Stellen je 2 fM in eine Einstichstelle arbeiten. In der 8. Rd haben Sie 48 fM gehäkelt. Von der 9. bis zur 16. Rd ohne weitere Zunahmen häkeln, ab der 14. Rd mit weißem Garn arbeiten. Ab der 17. Rd an 6 gleichmäßig verteilten Stellen je 2 Maschen zusammenhäkeln. Beginnen Sie nun mit dem Füllen des Körpers. In der 23. Rd bleiben 6 Maschen übrig, diese mit einem Faden zusammenziehen.

Der Kopf:

1. Rd: Häkeln Sie 6 fM in apricot in einen Fadenring.
2. Rd: Je 2 fM werden in jede fM der Vorrunde gehäkelt.
3. bis 5. Rd: Nun wird in Rd weitergehäkelt, dabei an 6 gleichmäßig verteilten Stellen je 2 fM in eine Einstichstelle arbeiten. In der 5. Rd haben Sie dann 30 fM gehäkelt. Von der 6. bis zur 12. Rd ohne weitere Zunahmen häkeln, dabei ab der 12. Rd mit braunem Garn weiterarbeiten. Ab der 13. Rd an 6 gleichmäßig verteilten Stellen je 2 Maschen zusammenhäkeln. Beginnen Sie an dieser Stelle mit dem Füllen des Kopfes. In der 16. Rd bleiben 6 Maschen übrig, diese mit einem Faden zusammenziehen.

Das Sakko:

Mit schwarzem Garn 30 LM häkeln, 1 Wende-LM und 10 R fM arbeiten. In der 11. R werden die 5. und 6., die 11. und 12., die 17. und 18., die 23. und 24. sowie die letzten beiden M zusammengehäkelt. In den kommenden Reihen an diesen Stellen und die letzten beiden M jeweils zusammenhäkeln. In der 15. R bleiben 5 Maschen übrig, Arbeit beenden.

Die Fliege: 6 LM und eine Wende-LM häkeln. Eine R fM arbeiten.

Der Zylinder:
6 fM mit schwarzem Garn in einen Fadenring häkeln. In der 2. Rd
je 2 fM in jede Masche der Vor-Rd. Bis zur 6. Rd mit fM
weiterarbeiten, dabei an 6 gleichmäßig verteilten Stellen je 2 fM in
eine Einstichstelle häkeln. Die 6. Rd enthält 36 fM. In der 7. Rd
stechen Sie für die Formbildung des Seitenteils von oben in das
Maschenglied (nicht wie üblich in den Maschenkopf) ein und
wechseln die Häkelrichtung. 10 Rd ohne Zunahmen häkeln. Für die
Krempe häkeln Sie nun eine Rd fM von außen in die Maschenglieder
der Vorrunde, wechseln Sie wieder die Häkelrichtung. Arbeiten Sie
4 Rd wobei jeweils an 6 gleichmäßig verteilten Stellen je 2 fM in
die Maschen der Vor-Rd gearbeitet werden. Mit einer KM beenden.

Die Hände:
Häkeln Sie mit apricotfarbenem Garn 6 fM in einen Fadenring. In
der 2. Rd je 2 fM in jede Masche der Vor-Rd. Mit einer KM beenden.
Die 2. Hand ebenso arbeiten.

Die Schuhe:
1. Rd: 12 Stb. in schwarz in einen Fadenring häkeln. Mit einer KM
zur Rd schließen. 2. Rd: 1 Wende-LM, 2 fM, 2 hStb, 3 hStb in
eine Einstichstelle, 2 hStb, 2 fM, R mit einer KM abschließen. Den
2. Schuh ebenso häkeln. Den Anfangsfaden für die Befestigung
hängenlassen, den Endfaden vernähen.

Fertigstellung:

Der Kopf wird in Häkelrichtung an den Körper genäht. Das Sakko
wird um den Körper gelegt und angenäht. An den Innenrändern
werden die Hände befestigt. Der Zylinder wird mit Füllwatte gefüllt
und etwas oberhalb des Haaransatzes befestigt. Die Fliege wird in
der Mitte an den Hals genäht. Augen, Nase und Mund aufsticken.
Schuhe an den Körper nähen und alle Fäden vernähen.

60

Pepe, der kleine Pirat

Das ist ein freundlicher kleiner Pirat – er wird bestimmt kein Schiff überfallen! Ein knuddeliger Glücksbringer für kleine Jungs.

Material:
5 g Filethäkelgarn Stärke 10 in apricot
5 g Filethäkelgarn Stärke 10 in weiß
5 g Filethäkelgarn Stärke 10 in rot
5 g Filethäkelgarn Stärke 10 in schwarz
Sticktwist für Augen, Nase und Schnurrbart in blau, rot, schwarz
10 g Füllwatte
Häkelnadel Nr. 1,25 – 1,5, Sticknadel ohne Spitze

Der Körper
1. Rd: Häkeln Sie 6 fM in schwarz in einen Fadenring.
2. Rd: Je 2 fM werden in jede fM der Vorrunde gehäkelt.
3. bis 8. Rd: Nun wird in Rd weitergehäkelt, dabei an 6 gleichmäßig verteilten Stellen je 2 fM in eine Einstichstelle arbeiten. In der 8. Rd haben Sie dann 48 fM gehäkelt. Von der 9. bis zur 16. Rd ohne weitere Zunahmen mit rotem und weißem Garn im rundenweisen Wechsel häkeln. Ab der 17. Rd an 6 gleichmäßig verteilten Stellen je 2 Maschen zusammenhäkeln. Beginnen Sie an dieser Stelle mit dem Füllen des Körpers. In der 23. Rd bleiben 6 Maschen übrig, diese mit einem Faden zusammenziehen.

Die Augenklappe:
1. Rd: Häkeln Sie 6 fM in schwarz in einen Fadenring.
In der nächsten 9 Rd je 2 fM in jede Masche der VorRd. Mit einer KM zur Rd schließen und eine Kette aus 36 LM anschließen. Das Ende mit einer KM an die Augenklappe häkeln.

Der Kopf:

1. Rd: Häkeln Sie 6 fM in apricot in einen Fadenring.

2. Rd: Je 2 fM werden in jede fM der Vorrunde gehäkelt.

3. bis 5. Rd: Nun wird in Rd weitergehäkelt, dabei an 6 gleichmäßig verteilten Stellen je 2 fM in eine Einstichstelle arbeiten. In der 5. Rd haben Sie dann 30 fM gehäkelt.

Von der 6. bis zur 12. Rd ohne weitere Zunahmen häkeln. Ab der 11. Rd mit rotem Garn weiterarbeiten.

Ab der 13. Rd an 6 gleichmäßig verteilten Stellen je 2 Maschen zusammenhäkeln. Beginnen Sie an dieser Stelle mit dem Füllen des Kopfes. In der 16. Rd bleiben 6 Maschen übrig, diese mit einem Faden zusammenziehen. Zur Darstellung des Kopftuches häkeln Sie nun 2 Rd fM in die fM der 11. und 12. Rd des Kopfes. Danach seitlich eine fM (*) in beide Rd häkeln, 5 LM, 1 Wende-LM und 5 fM in die LM arbeiten. Eine KM in die fM (*) und für den zweiten Kopftuchzipfel noch einmal 5 LM, 1 Wende-LM und 5 fM in die LM arbeiten.

Die Arme:

27 LM und eine Wende-LM in weiß häkeln. Nun 4 R fM arbeiten, mit einer Wende-LM jeweils in die nächste wechseln.

Dann mit apricotfarbenem Garn die Hände arbeiten. Dazu am Anfang und am Ende des Armteils mit einer KM beginnend 6 Stb in die LM zwischen der 2. und 3. R häkeln. Mit einer KM beenden.

Die Schuhe:

1. Rd: 12 Stb. in schwarz in einen Fadenring häkeln. Mit einer KM zur Rd schließen.

2. Rd: 1 Wende-LM, 2 fM, 2 hStb, 3 hStb in eine Einstichstelle, 2 hStb, 2 fM, R mit einer KM abschließen. Den 2. Schuh ebenso häkeln. Den Anfangsfaden für die Befestigung hängenlassen, den Endfaden vernähen.

Fertigstellung:

Der Kopf wird in Häkelrichtung an den Körper genäht. Augen, Nase und Schnurrbart aufsticken. Augenklappe schräg über dem Kopf befestigen. Das Armteil um den Hals legen und im Rücken sowie an den Händen befestigen. Schuhe an den Körper nähen. Alle Fäden vernähen.

Der kleine Mönch

Bestimmt kommt unser kleiner Mönch gerade aus der Klosterbrauerei …

Material:
10 g Filethäkelgarn Stärke 10 in dunkelbraun
10 g Filethäkelgarn Stärke 10 in rotbraun
5 g Filethäkelgarn Stärke 10 in apricot
Sticktwist für Augen, Mund und Nase in blau und rot
10 g Füllwatte
Häkelnadel Nr. 1,25 – 1,5, Sticknadel ohne Spitze

Der Körper
1. Rd: Häkeln Sie 6 fM in rotbraun in einen Fadenring.
2. Rd: Je 2 fM werden in jede fM der Vorrunde gehäkelt.
3. bis 8. Rd: Nun wird in Rd weitergehäkelt, dabei an 6 gleichmäßig verteilten Stellen je 2 fM in eine Einstichstelle arbeiten. In der 8. Rd haben Sie dann 48 fM gehäkelt. Von der 9. bis zur 16. Rd ohne weitere Zunahmen häkeln. Ab der 17. Rd an 6 gleichmäßig verteilten Stellen je 2 Maschen zusammenhäkeln. Beginnen Sie an dieser Stelle mit dem Füllen des Körpers. In der 23. Rd bleiben 6 Maschen übrig, diese mit einem Faden zusammenziehen.

Der Umhang:
Mit dunkelbraunem Garn 30 LM häkeln, 1 Wende-LM und 10 R fM arbeiten. In der 11. R werden die 5. und 6., die 11. und 12., die 17. und 18., die 23. und 24. sowie die letzten beiden M zusammengehäkelt. In den kommenden Reihen an diesen Stellen und die letzten beiden M jeweils zusammenhäkeln. In der 15. R bleiben 5 Maschen übrig, Arbeit beenden.

Der Kopf:

1. Rd: Häkeln Sie 6 fM in apricot in einen Fadenring.

2. Rd: Je 2 fM werden in jede fM der Vorrunde gehäkelt. Markieren Sie den Beginn der Rd.

3. bis 5. Rd: Nun wird in Rd weitergehäkelt, dabei an 6 gleichmäßig verteilten Stellen je 2 fM in eine Einstichstelle arbeiten. In der 5. Rd haben Sie dann 30 fM gehäkelt.

Von der 6. bis zur 12. Rd ohne weitere Zunahmen häkeln.

Ab der 13. Rd an 6 gleichmäßig verteilten Stellen je 2 Maschen zusammenhäkeln. Beginnen Sie an dieser Stelle mit dem Füllen des Kopfes. In der 16. Rd bleiben 6 Maschen übrig, diese mit einem Faden zusammenziehen. In die Maschenglieder zwischen der 5. und 6. Runde des Kopfes werden nun mit dunkelbraunem Garn die Haare gearbeitet. 17 fM in die Maschenglieder häkeln. Die 2. und 3. R mit einer Wende-LM beginnen, fM in jede Masche häkeln. Die 4. R mit einer Wende-LM beginnen, dann jeweils 1 fM und 2 LM in jede M der vorhergehenden R. Fertig ist die „Frisur" der kleinen Mönches.

Die Hände:

Häkeln Sie mit apricotfarbenem Garn 6 fM in einen Fadenring. In der 2. Rd je 2 fM in jede Masche der Vor-Rd. Mit einer KM beenden. Die 2. Hand ebenso arbeiten.

Die Schuhe:

1. Rd: 12 Stb. in dunkelbraun in einen Fadenring häkeln. Mit einer KM zur Rd schließen.

2. Rd: 1 Wende-LM, 2 fM, 2 hStb, 3 hStb in eine Einstichstelle, 2 hStb, 2 fM, R mit einer KM abschließen. Den 2. Schuh ebenso häkeln. Den Anfangsfaden für die Befestigung hängenlassen, den Endfaden vernähen.

Fertigstellung:

Der Kopf wird in Häkelrichtung an den Körper genäht. An den oberen Ecken werden links und rechts je 10 LM gehäkelt. Der Umhang wird um den Körper gelegt und angenäht. Die beiden LM-Ketten werden vorn verknotet. An den Innenrändern des Umhangs werden die Hände befestigt. Augen, Nase und Mund aufsticken. Schuhe an den Körper nähen und alle Fäden vernähen.

Und nun kommt noch der Weihnachtsmann

Dieser kleine Weihnachtsmann macht aus jedem Geschenk etwas ganz Persönliches. Wenn Sie das Garn nicht in rot sondern in einer anderen Farbe verwenden, wird aus dem Weihnachtsmann ein Zwerg.

Material:
5 g Filethäkelgarn Stärke 10 in apricot
10 g Filethäkelgarn Stärke 10 in rot
etwas Filethäkelgarn in schwarz
12 cm Fransenwolle in weiß
Sticktwist für Augen und Nase in blau und rot
10 g Füllwatte
Häkelnadel Nr. 1,25 − 1,5, Sticknadel ohne Spitze

Der Körper
1. Rd: Häkeln Sie 6 fM in rot in einen Fadenring.
2. Rd: Je 2 fM werden in jede fM der Vorrunde gehäkelt. Markieren Sie den Beginn der Rd mit einem bunten Faden
3. bis 8. Rd: Nun wird in Rd weitergehäkelt, dabei an 6 gleichmäßig verteilten Stellen je 2 fM in eine Einstichstelle arbeiten. In der 8. Rd haben Sie dann 48 fM gehäkelt
Von der 9. bis zur 16. Rd ohne weitere Zunahmen häkeln.
Ab der 17. Rd an 6 gleichmäßig verteilten Stellen je 2 Maschen zusammenhäkeln. Beginnen Sie an dieser Stelle mit dem Füllen des Körpers. In der 23. Rd bleiben 6 Maschen übrig, diese mit einem Faden zusammenziehen.

Der Kopf:

1. Rd: Häkeln Sie 6 fM in apricot in einen Fadenring.

2. Rd: Je 2 fM werden in jede fM der Vorrunde gehäkelt. Markieren Sie den Beginn der Rd

3. bis 5. Rd: Nun wird in Rd weitergehäkelt, dabei an 6 gleichmäßig verteilten Stellen je 2 fM in eine Einstichstelle arbeiten. In der 5. Rd haben Sie dann 30 fM gehäkelt.

Von der 6. bis zur 12. Rd ohne weitere Zunahmen häkeln.

Ab der 13. Rd an 6 gleichmäßig verteilten Stellen je 2 Maschen zusammenhäkeln. Beginnen Sie an dieser Stelle mit dem Füllen des Kopfes. In der 16. Rd bleiben 6 Maschen übrig, diese mit einem Faden zusammenziehen.

Die Zipfelmütze:

1. Rd: Häkeln Sie 4 fM in rot in einen Fadenring.

In den nächsten Rd mit fM fortfahren, jeweils 2 fM fortlaufend in jede 10. M häkeln. Die 19. Rd enthält 30 Maschen. Nun ohne weitere Zunahmen fortfahren, in der 22. Rd die Arbeit beenden.

Die Arme:

27 LM und eine Wende-LM in rot häkeln. Nun 4 R fM arbeiten, mit einer Wende-LM jeweils in die nächste wechseln.

Dann mit apricotfarbenem Garn die Hände arbeiten. Dazu am Anfang und am Ende des Armteils mit einer KM beginnend 6 Stb in die LM zwischen der 2. und 3. R häkeln. Mit einer KM beenden.

Die Schuhe:

1. Rd: 12 Stb. in schwarz in einen Fadenring häkeln. Mit einer KM zur Rd schließen. 2. Rd: 1 Wende-LM, 2 fM, 2 hStb, 3 hStb in eine Einstichstelle, 2 hStb, 2 fM, R mit einer KM abschließen. Den 2. Schuh ebenso häkeln. Den Anfangsfaden für die Befestigung hängenlassen, den Endfaden vernähen.

Fertigstellung:

Zipfelmütze annähen, Augen und Nase aufsticken. Den Kopf in Häkelrichtung an den Körper nähen. Dann das Fransengarn als Bart links und rechts der Mütze befestigen, um das Gesicht legen und auch unter dem Kinn mit etwas Nähgarn anheften. Das Armteil um den Hals legen und im Rücken sowie an den Händen befestigen. Schuhe an den Körper nähen. Alle Fäden vernähen.

Fotografie und Gestaltung: Karsten Selke
www.naturfoto-harz.de